BUDEBUZHI DE
RENLEI WENMING

不得不知的人类文明

著名的博物馆

ZHUMING DE BOWUGUAN

知识达人 编著

成都地图出版社

图书在版编目（CIP）数据

著名的博物馆/知识达人编著 . —— 成都：成都地图出版社，2017.1（2021.10重印）

（不得不知的人类文明）

ISBN 978-7-5557-0436-2

Ⅰ . ①著… Ⅱ . ①知… Ⅲ . ①博物馆–介绍–世界 Ⅳ . ① G269.1

中国版本图书馆 CIP 数据核字 (2016) 第 210832 号

不得不知的人类文明：著名的博物馆

责任编辑：向贵香

封面设计：纸上魔方

出版发行：成都地图出版社

地　　址：成都市龙泉驿区建设路 2 号

邮政编码：610100

电　　话：028 - 84884826（营销部）

传　　真：028 - 84884820

印　　刷：唐山富达印务有限公司

（如发现印装质量问题，影响阅读，请与印刷厂商联系调换）

开　本：710mm × 1000mm　1/16	
印　张：8	字　数：160 千字
版　次：2017 年 1 月第 1 版	印　次：2021 年 10 月第 4 次印刷
书　号：ISBN 978-7-5557-0436-2	
定　价：38.00 元	

前言

　　为什么古巴比伦城被称为"空中的花园"？威尼斯为什么建在水上？四大文明要到哪里寻找呢？拉菲庄园为什么盛产葡萄酒？你想听听赵州桥的故事吗？你知道男人女人都不穿鞋的边陲古寨在哪里吗？你去过美丽峡谷中的德夯苗寨吗？

　　《不得不知的人类文明》包括宫殿城堡、古村古镇、建筑奇迹等。它通过浅显易懂的语言、轻松幽默的漫画、丰富有趣的知识点，为孩子营造了一个超级广阔的阅读和想象空间。

　　让我们现在就出发，一起去了解人类文明吧！

目录

神奇的世界——博物馆 / 1

去哪里寻找华夏五千年 / 6

故宫博物院里明清的脚印 / 13

中国古代艺术的殿堂 / 20

青铜器的故乡 / 26

中华文明的发祥地 / 34

不朽的兵马俑 / 43

目录

哇，恐龙化石 / 49

寻找远古人 / 57

丝绸之路上的驼铃声 / 64

一起去放风筝吧 / 70

目录

针线编织的美好图案 / 78

神秘的微笑在哪里 / 82

多姿多彩的巴黎 / 87

四大文明哪里寻 / 92

其实他们是蜡像 / 101

西半球最大的博物馆 / 108

大自然也有历史 / 113

信不信由你博物馆 / 120

神奇的世界
——博物馆

　　去过博物馆的人都知道，博物馆中摆放着很多各式各样的精美展品，比如故宫博物院里陈列着好多明清时期的物品，每一件物品都讲述着一个古老的故事。其他的博物馆也是如此，每一件陈列的物品都有自己的传奇，整个博物馆就是将这些故事和传奇串联起来，讲述一段段历史，或者展示一个个群体。

博物馆的种类有很多种，有人文历史类的，比如故宫博物院、卢浮宫博物馆等；有美术类的，比如中国美术馆；有考古类的，比如周口店遗址博物馆；有地质类的，也有自然历史类的。还有很多主题性的博物馆，比如杜莎夫人蜡像馆，里面展示的全部是惟妙惟肖的蜡像，那些蜡像栩栩如生，几乎难以和真人区分开来，有时还真的欺骗了很多人的眼睛呢！比如施华洛世奇水晶世界，那是一个水晶的天堂，各种各样的水晶工艺品，璀璨夺目，让人目瞪口呆。最神奇的是，美国有一个不可思议的世界——"信不信由你"博物馆，从这个名字，大家不难看出这个博物馆是非常不可思议的，里面展示的全部是一些从世界各地收集的稀奇古怪的珍品，每一件展出的物品，都足以让

2

人为之惊叹。

　　每一个博物馆都是一个独特又神奇的世界。要了解一个地方或者一个群体，通常都可以通过参观博物馆的方式来了解。在每一个博物馆里，我们都可以学习到很多知识。通过那些文物，我们可以聆听历史讲述的故事，可以和古代的伟人对话，可以看见一种生物的成长演变，可以纵观大自然的风云变幻。每走进一个博物馆，都像是走进了一个独立的世界。在里面，我们可以吸取知识，开阔眼界，深化认识，只要你认真细致地观察，就一定能得到不可思议的收获。

　　博物馆的形式也是多种多样的，不仅有可以参观的实体博物

馆，还有很多数字博物馆。这些数字博物馆采用现代技术，利用三维立体的形式模拟实体文物，并融入了很多现代的高科技，我们还可以让人们通过网络就可以查看各种藏品。通过数字博物馆，我们还可以把实体博物馆的文物以虚拟的形式展示出来，可以让人们足不出户就能对想要了解的文物进行检索和研究，不仅节约了时间，而且还减轻了实体博物馆因为游客过多而产生的一些问题。在现代，随着技术的不断发展，数字博物馆已经成为了一个不可阻挡的发展趋势，但要想达到实体博物馆的效果，还需要不断更新技术，让虚拟文物能够更加真实地展现实体文物的特

点乃至细节。不过如果想要真实地感受到各种藏品背后的故事及其深刻的内涵，还是在实体博物馆参观比较好。

为了让不同国家的人们都能欣赏到来自世界各国珍贵的藏品，国际上已经多次在不同的国家举行了世界博览会，届时全世界各大博物馆的珍贵文物齐聚一堂，让全世界的人们一饱眼福。比如2010年的上海世博会，就是一次综合性的世界博览会，所有参会国，都将自己国家珍贵的藏品和先进的技术发明在世博会上展出，供全世界的人们观赏。

去哪里寻找
华夏五千年

　　从天安门广场向东走，一座红顶白身的建筑物映入眼帘，那就是中国国家博物馆，与人民大会堂隔着天安门广场相对而立，两相呼应。曾经这里分为中国历史博物馆和中国革命博物馆，2003年，两个馆合并，就有了今天的中国国家博物馆。馆中收藏了我国古代、近代的众多文物，记载着华夏五千年的足迹，用以展示整个中华民族的光辉历史。

中国国家博物馆是收藏中华文物最多的博物馆之一，也是世界上最大的博物馆之一，有着专业的技术和先进的设备。它拥有全国唯一的水下考古专业机构，在其他方面，如田野考古等也有着非常先进的技术水平。虽然中国国家博物馆是2003年才正式成立的，但是它的前身——中国历史博物馆和中国革命博物馆，都已经走过了近百年的历程。在这漫长的岁月里，不断沉淀下来的历史累积，让它有足够的力量来承载五千年的华夏文明。

馆内有10余个常设展览，有时还会开设临时的展览，其中常设展览又分为常设基本陈列和常设专题陈列。常设基本陈列中分为三个部分：第一部分是《古代中国》，展厅里按时间顺序陈列着从元谋人时代到辛亥革命时期的重要文物，讲述了中国由古至今的发展历程；第二部分是《复兴之路》，这部分展出的大多是过去的中国革命博物馆的藏品，记录了从鸦片战争到新中国成立之间长达100多年的历史，用文物讲述着中国是如何沦为西方国家的殖民地，又是如何奋发图强、驱逐鞑虏、建立新中国的艰辛历程。第三部分是《复兴之路新时代部分》，全面展示了党的十八大以来，党和国家各项事业取得的历史性成就以及发生的历史变革。

　　你是不是以为这就是整个中国国家博物馆的全部面貌了呢？那你就错了，这些不过是它很小的一部

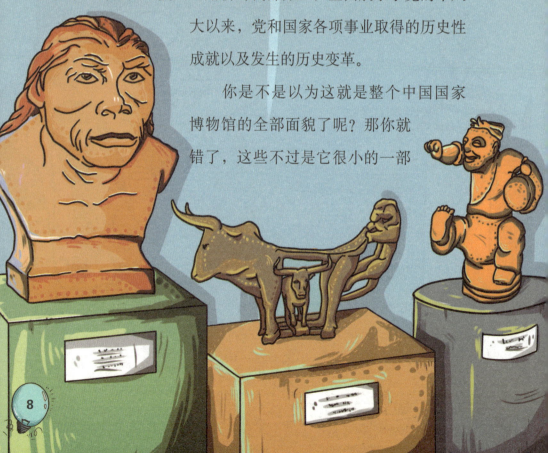

分，是用以笼统地介绍华夏五千年历史的部分。在馆内还有常设专题陈列，分类介绍各类事物的发展走向呢！比如《中国古代玉器艺术》《中国国家博物馆水下考古成果展》《中国古代瓷器艺术展》《中国古代经典绘画作品》《馆藏现代经典艺术作品》等10多个专题陈列。

　　说起古代中国，不得不说的就是她的瓷器，中国瓷器与中华文明一路走来，从未中断。从诞生一直到今天，瓷器都是我们生活中不可或缺的器具材料。中国国家博物馆中的瓷器藏品非常丰富，馆内的工作人员挑选出了100多件极具代表性的藏品供参观者观赏，让人们能够对瓷器的发展脉络有一个初步的了解。

　　中国国家博物馆有着全国一流的水下考古技术，上世纪80年代中期成立了水下考古学研究室，

主要考察水下的文化遗存情况。虽然成立时间不长，但是20多年来，由于技术不断进步，队伍不断壮大，水下考古学研究室对我国广大海域的水下考古作出了不可磨灭的贡献，取得了丰富的成果。这些古代沉船遗址的发现，对研究我国古代远洋技术起了重大的推动作用。由于我国水下考古起步晚，技术有限，很多领域到现在还是一片空白，但是国家非常重视水下考古的工作，也不断地培养专业人才，改进技术，与成立水下考古学研究室初期相比较，已经有了很大的进步，相信在未来的发展中，还会有更多更丰富的成果，为考古研究作出贡献。

在博物馆里收藏着一个有着圆圆的肚子和三条腿的鼎，虽然这个鼎看起来非常陈旧，但它却是中国国家博物馆的镇馆之宝——大盂鼎。大盂鼎是西周青铜器里的大型器物，因其制作精致，又能比较客观地反映当时的社会状况，是不可多得的文物。

大盂鼎

大盂鼎从周朝开始，经历了无数风风雨雨，几经辗转，最终由潘氏后人捐赠给了国家博物馆。鼎的内壁有铭文291字，字体庄严、美观，十分考究。铭文讲述了殷商因酒而亡的历史，时刻提醒着周王朝要引以为戒，远离酒色并继承周文王和周武王的德行。鼎上的纹络装饰也非常考究，三足上的兽面纹在古代的青铜器中非常具有代表性。大盂鼎无论是在对青铜器的研究还是对商周历史的研究，亦或对古代文字和书法的研究方面，都有极高的价值，它是当之无愧的中国国家博物馆标志性文物。

故宫博物院里明清的脚印

对于故宫，相信很多人并不陌生，就算没有亲身走进去感受过它庄严与浓厚的历史韵味，也在很多影视剧里看到过它的身影。故宫博物院位于北京的中心，屹立在蓝天白云下，十分威严、神勇、肃穆。作为明、清两个朝代的皇宫，它承载了这两个朝代的故事，记录了两个朝代的历史。曾经这里是一个国家的政治中心，后来这里也曾险些成为一片废墟，城墙上苔藓遍布。如今，它成为了中

国最大的古代文化艺术博物馆，不仅保留了明清时代的风貌，还用各种文物，记录了明清的脚印。

　　在古代，帝王的权威是至高无上的，这从故宫的建筑布局就可以看出来。故宫的里面可是有着严格的封建礼制的，而且各个宫殿的位置也是严格按照五行学说来布局的。从午门进入，象征封建皇权的太和殿是整个故宫的中心，也是最让人肃然起敬的地方，每逢盛大的庆典活动，都在这里举行，钟鼓齐鸣，庄严肃穆。当你走近它，你会感觉到仿佛那些声音至今还在耳边回响。

在午门通往太和殿的太和门前的广场上，有5座拱桥。这5座桥长宽不一，并不是谁都可以随便走的，中间的御路桥最宽、最长，只有皇帝可以走，两边的王公桥，只有皇室的亲王才可以走，最两侧的是品级桥，是5座桥里最窄也最短的，只有三品以上的官员可以从这里走。如果不小心走错了，在古代那就是犯的杀头的大罪。从这一点也可以看出故宫布局在封建礼制上的考究。

我们在影视剧里经常看到的还有乾清宫。明清时期，它是皇帝处理政务和居住的地方，也是后三宫之首。"乾清"二字意

为天空清澈得没有一点浑浊，一则用以象征国家安定，二则用以象征皇帝的行为坦荡，处事清明。在乾清宫大殿上方悬挂着一块牌匾，上面写着"正大光明"，可不要小看了这块牌匾，这可是清朝时期存放秘密立储诏书的地方，皇帝为了防止皇子们因为争皇位而互相伤害，就秘密设立储君，写好圣旨，放在牌匾的后面的"建储匣"里，在皇帝驾崩后，由专门的人拿下圣旨宣读储君人选。

    ·   故宫不仅用它的建筑书写了明清的历史，它所珍藏的文物也记录了很多古老的故事。现在故宫博物院里有近200万件文物，

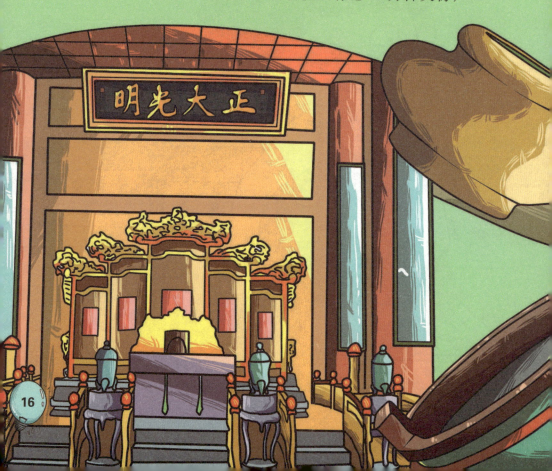

其中书画、碑帖类约有16万件，都陈列在武英殿内，这里也是如今的故宫书画馆。这里面收藏着一幅家喻户晓的画卷，那就是《清明上河图》，它不仅是中国十大传世名画之一，它的构图法在世界上也是独一无二的，具有非常高的历史价值和艺术价值。

文华殿是现在的陶瓷馆，400多件陶瓷文物按照时间顺序一一陈列。千万不要小看了那些不起眼的瓶瓶罐罐，它们用无声的语言向世人讲述了我国陶器是如何一步一步地向瓷器演变的。钟粹宫里陈列着历代玉器的精品，让所有喜爱玉器的人都能在这里一饱眼福。金银器的藏品占据了整个景阳宫，让原本就庄严的宫殿更加的金碧辉煌、灿烂夺目。具有我国特色的戏曲文物在阅是楼里陈列着，游客们可以一边欣赏各种文物，一边听着皇宫名伶的唱段，让人们能够对清代宫廷的生活有全方位的感受。在故宫博物院里还有很多很多专门的藏馆，有青铜器馆，有钟表馆，有石鼓馆，还有捐献馆，用以专门收藏私人捐献的文物。

除了北京故宫博物院，在台湾还有台北故宫博物院。它建成于1965年，其藏品大多是从北京故宫博物院、沈阳故宫等地搬运过去的，各种展馆也非常齐全，与北京故宫博物院遥远相牵，共成一体。

另外在沈阳还有努尔

哈赤和皇太极在入关以前建造的宫殿，成为沈阳故宫博物馆，虽然比北京故宫小很多，但是也有自己的特色。它在建筑风格上融入了满族、蒙古族以及汉族的特色，这里收藏的文物大部分是清军入关前旧皇宫遗留下来的文物，比如努尔哈赤当年征南走北时用过的剑等。从这里可以探寻清军入关前的历史，与北京故宫博物院成为纵向联系，共同演绎清朝的崛起、壮大与走向灭亡的历史。

中国古代艺术的殿堂

　　见过太多的博物馆，或者是像故宫那样保留着最原始的风貌，每一个建筑都体现着传统的文化精神，但是缺少了新鲜的血液在里面，或者是像近些年各地新修建的博物馆那样，现代化的建筑风格，显示着蓬勃的时代精神，却没有了传统的意蕴。没有哪个博物馆能像上海博物馆那样，既蕴含着传统文化，又给人以新奇独特的视觉效果，主体是传统意义上的方形结构，融入了中国古老的"天圆地方"的宇宙观，顶部像一个圆圆的天空庇护着地上的一切。远远望去，整个博物馆融为一体，像极了古代的青铜器。而独特的建筑造型又不失新颖，这使得上海博物馆成为世界博物馆中最独特的一颗明星。

从上海博物馆的外形，你能看出些什么来呢？对了，就是中国古代文化艺术的气息。它馆藏的文物更是艺术味十足。各种精致而古老的青铜器、陶瓷器工艺品就已经让你目不暇接，更不要提书法、绘画之类的了，毫不夸张地说，上海博物馆就是一座中国古代艺术的殿堂。几乎所有热爱中国古典艺术和工艺品的人都难以抵挡它十足的艺术

气息，你是不是也心动了呢？就让我们一起走进上海博物馆，看看这座古代艺术的殿堂里都收藏着些什么吧！

上海博物馆的藏品，主要是以中国古代或者少数民族的工艺品、书法、绘画等为主要馆藏文物的，馆内大大小小的藏品多达12万件，其中最具特色的要属青铜器、陶瓷器、书法和绘画了。博物馆分别开设了3个展览厅和12个专题陈列室，如中国古代青铜馆、中国古代雕塑馆、中国古代书法馆、中国古代玺印馆、中国明清家具馆等。下面，就让我们逐一参观几个有代表性的专馆吧！

走进上海博物馆，最先看见的就是中国古代青铜馆。墨绿的主色调与青铜器陈旧的颜色相协调，再加上仿古木质的展柜，更增添了几分古色之味，在馆内设计得极为考究的灯光的照射下，似乎只要观众踏入青铜馆的门口，就能闻到青铜器身上那陈旧的、散发着历史气息的味道。馆内按时间的纵向顺序，共分7个区域介绍了青铜器的产生、发展与鼎盛的历史过程和铸造技术。其中最具代表性的就是第三个区域——鼎盛期青铜器，这一区域展示的主要是商周时期的青铜器，也是青铜器艺术最璀璨的时代。这个时期的青铜器艺术品制作精致，全身布满装饰性的纹络，并且制作考究，精美绝伦，青铜器上还出现了纪事体铭文，即纪录事件的铭文。

参观完青铜馆，上到二楼，就能看见中国古代陶瓷馆，那里

陈列着500余件陶瓷精品，像一部记录我国陶瓷器发展历程的纪录片一样，向广大观众讲述陶瓷的发展、兴衰与演变。新石器时代人们刚刚学会制作陶器，那时技术有限，制作相对粗糙，但也已经迈向成熟，有的出土文物还十分讲究技术与方法。按照展区的顺序一点点地走下去，你会发现陶瓷的技术越来越精湛，这些器具也从最初的生活用具越来越多地发展成艺术和装饰品，这无不展现了我国古代人们生产生活与审美的不断进步。在本馆第四个区域还陈列着唐代的陶瓷文物，其中最著名的要数"唐三彩"啦！再向前走，中外闻名的景德镇瓷器就在第六个区域向世人展示它迷人的风采。你是不是也被这些精美的瓷器吸引住了？不要停住脚步，我们去看看还有什么更夺人眼球的文物吧。

　　热爱书法和绘画的朋友千万不要错过三楼的中国历代书法馆和中国历代绘画馆。这两个展馆在三楼以面对面的姿态共同诠释着中国文化的博大精深。书法馆里汉字以优美的线条勾勒出我国书法的历史轨迹，张旭、怀素、颜真卿等中外闻名的书法家的作品馆内均有收藏。纸香墨香在这里形成了中国书法的清香之味。另外，汉字的雏形——甲骨文在馆内也可以看到。对面的绘画馆里，山川河流、花鸟鱼虫、人物画作，或苍劲有力，或酣畅淋漓，格局极具特色，令人眼花缭乱。如果你想拍照留住这些绝美的画作，那可是绝对不可以的，因为相机的闪光灯会让这些举世闻名的作品受到损坏，你肯定不希望某一天再也见不到这些珍贵的文物吧，所以，一定要收起你的相机。

我国使用金属货币的时间非常长，有3000多年的历史呢，在这漫长的岁月里，货币并不是一成不变的，而是随着朝代的更迭而变化。在上海博物馆四楼的历代钱币馆中收藏着相对来说比较齐全的中国古代货币，从原始货币一直到明清时代的钱币，以不同的形式和姿态讲述着我国古代经济的发展情况和与世界其他国家经济文化交流的状况，其中最具特色的就是丝绸之路上的古国货币展区。

唐三彩

"唐三彩"是一种在唐代极为流行的三彩釉陶，制作非常精美，艺术精湛。"唐三彩"中融入了中国国画、雕塑等的特点，塑造的陶俑个个生动逼真、活灵活现，颜色也非常赏心悦目，大多充满了浓郁的生活气息。因为主要以黄、褐、绿这三种颜色为基本色，所以称为"唐三彩"。

青铜器的故乡

　　如果说上海博物馆是一座古代艺术的天堂，那么宝鸡青铜器博物院就是一个瑰丽的青铜器的国度。"宝鸡"这座城市，还真的是一块宝地，这里不仅是中华民族的祖先——炎帝的故里，还是青铜器的故乡。周秦文明从这里起航，青铜器最辉煌的时代在这里度过。这里出土了数以万计的青铜器，无论是数量还是质量，亦或承载的史料价值，都居全国首位。很多在青铜器史上占据重要地位的文物都在这里出土，中国国家博物馆的镇馆之宝——大盂鼎就是在这里发现的。

　　宝鸡青铜器博物院坐落在中华石鼓园内，这里曾经出土了中华第一古物——石鼓（现藏于北京故宫博物院）。青铜器博物院是1998年才正式与世人见面的，以其"平台五鼎"的独特造型，更有西周的凤鸟纹络，充分体现出西周的列鼎制度，更彰显了宝鸡浓厚的历史韵味，与中华石鼓

园相互衬托，浑然天成。

　　你们是不是觉得，每个博物馆都有青铜器，这有什么稀奇的。可是宝鸡青铜器博物是全国唯一的一个青铜器专题的博物馆，而且它还是建在周秦文明的发祥地上，而青铜器最辉煌的时期就是商周时期。这样一说，你是不是对这个特别的博物馆也充满了好奇呢？就让我带领大家一起去看看这个博物馆里到底都藏有哪些稀世珍宝吧！

27

整个博物馆以"周秦文明"为中心，围绕这一中心，陈列的藏品主要展示的是周公之礼、帝国崛起和人民的智慧。主要分为"青铜器之乡""周礼之邦""帝国之路"和"智慧之光"4个展厅。

　　在第一个展厅，镶嵌在地板之中的沙盘，明确地标注了宝鸡的重要历史遗址；吊在展厅顶部的两幅分布图，分别标注了中国青铜器主要出土的地点和宝鸡青铜器主要出土的地点。看到这样详细的分布图，相信你很容易就能看出宝鸡在青铜器史上的地位。在这个展厅中，还专门设置了"杨家村出土文物陈展区"，以重现杨家村窖藏为核心。该博物馆青铜器主要以窖藏居多，而窖藏也是宝鸡青铜文化的主要特色之一。在杨家村曾出土了不计其数的青铜器，以窖藏为主，仅2003年冬季的一次考古中，就出土了大型青铜器27件，而且每一件上面都刻有铭文（并不是所有的青铜器都会刻有铭文，所以那些有铭文的就显得尤为珍贵），最长的有372个字，并且保存都十分完整，铭文所记载的内容也具有极高的史料价值。

在第二个展厅中，主要描绘了
"周礼之邦"的恢弘景象。展厅用文物
陈列的方式，再现了西周王朝的文武之治，
展现周王朝注重礼法治国之道。这个展厅中有两个
代表性的藏品，一个是周厉王制造的胡簋[guǐ]，一个
是周成王年间制造的何尊。簋是古人用于盛放食物的
器皿，胡簋是周厉王为了祭祀祖先而制造的，用于盛
放祭祀食物，体现了周王朝的祭祀之礼。胡簋的

主体部位是圆形的，两边有双耳，双耳铸造成凤鸟形，底座是方形的，全身铸有典雅精致的图案，内底铸有铭文124字。作为西周唯一的王器，胡簋成为了不可替代的"王簋"，而且它又是至今以来出土的"簋"当中最大的，也被称为"簋王"。另外一件标志性藏品——何尊，不仅是宝鸡青铜器博物院的收官之作，更是国宝重器。它是周成王五年一位姓何的贵族制造的，也是用来祭祀的器物，内底有铭文122个字，是目前发现的西周最早铸有纪年铭文的青铜器，其中的"营建洛邑，宅兹中国"也是目前有记录中"中国"二字的最早出处。从这个展厅中，你可以在任何角落

感受周王朝的恢弘之气和当时森严的等级礼仪制度。

你是不是想知道一个如此盛大的王朝是如何走向灭亡，又如何被秦朝所替代的呢？那么就一起去第三个展厅看看吧，在那里或许你

就会找到答案了。这里以时间为脉络，利用声、光、电全方位再现了周王朝的衰败历程与秦王朝的崛起之路。看到这些现代科技制作的影像，你肯定觉得青铜器已经不再是这里的主角，那你可就大错特错了，神秘精美的青铜器怎么会因为一些影像就失去它主角的地位呢！这个展厅里最引人注目的就是秦公镈，它是春秋战国时期盛行的一种打击乐器，因为它的节奏性比较强，所以多用于指挥乐队。秦公镈的做工非常复杂精美，蟠龙、凤鸟布满全身，精致且不失典雅。上面的铭文还提到秦早期的世系，为后人研究秦人提供了重要的历史资料。

　　第四个展区主要以复原青铜器作坊和工艺的方式，体现整个中华民族的智慧。置身在这个展区内，看到在遥远的古代人们就能掌握如此高技术的制作工艺，任何人都不得不为此折服。

　　从博物馆走出来，闻一闻你身上有没有铜锈的味道？那是历史的味道，是周秦文明的印记，更是中华民族的智慧所在。

中华文明
的发祥地

　　追溯华夏文明的源头，寻找中华民族的根，沿着黄河顺流而下，来到开封、洛阳，多少王朝在这里建都，还有商丘和安阳，又见证了多少朝代的兴衰更迭。河南，一个穿着时光的长袍、讲述古老传说的地方，多少历史在这里演绎，多少英雄在这里诞生，多少传说从这里开始，又有多少文明在这里辉煌灿烂。

　　历史上的文明，多起
源于河流的中下游，因为那里有
大面积的冲积平原，土壤肥沃，为农业提供了便利条件。如印度
河文明和尼罗河文明，都是在河流的中下游起源的。聪明的你是
不是由此便想到了，黄河文明不就是在中下游的河南起源的吗？
那你就猜对了。从夏商之始，每当动乱发生，朝代更迭，河南都
是必争之地，"各路英雄逐鹿中原"，说的就是河南这块宝地。

如今的河南虽然已经没有了从前的红墙绿瓦，穿上了现代的外衣，但是我要告诉你，那个时代外衣下的骨与血依然散发着历史的气息。什么？你不相信？那么就让我带你走进那个记录着文明起源的博物馆，看看历史的足迹是不是还停留在那里。

1927年，为了留住历史，当局政府在开封建立了河南博物院，这也是中国较早的博物馆之一。1961年，河南博物院从原址开封迁到了省会郑州，后来又在1998年建成新的博物馆，也就是我们今天看到的河南博物院。博物馆中绿草茵茵，建筑都是公园式的。从它再现登封元代观星台的主体建

筑造型和散发"中原之气"的设计理念中，就能看出这个现代的城市依然有着历史的内蕴，收藏的文物更是文明与历史的荟萃。

在展馆的一、二层，按照时间的顺序，从原始社会到明清时代的8个展厅，再现了"中原古代文明之光"。以在河南出土的2000余件文物，展示了我国古代突出的文化科技成就，显示了我国古代人民的聪明与智慧。穿越暗黄色的时光隧道，来到了原始社会展厅，看到石器与薪火的遗迹，我们仿佛回到了人类最初的时代，磨石渔耕，穴居筑城。从旧石器时代到新石器时代，石器逐渐从粗糙变得精致，从对石块的简单打磨，到出现了成

形的各种专门的器具，比如最原始的石磨盘与石磨棒。在仰韶文化展区还陈列有目前发现的最原始的彩陶，虽然图案在今天看来略显粗糙，但是足以描绘出古代中原人的细腻的情感。大汶口文化、河南龙山文化，充分显示了古代文化的融合与继承，史前考古遗址的复原，再现了文明的发现历程。如果你热爱音乐，在这里，你会被一根骨笛所吸引，可不要小瞧了这根小小骨笛，它身上承载的可是中华音乐文明的源头，它的7个音孔证明了我们的祖先早在几千年前就发明了7个音阶，这是目前发现的中国最早的笛子，也是中国最早的乐器。

在其余的几个展厅，你会看到所有的器物随

着时间的推移变得越来越精致，所有的文明随着时间的推移越来越发达。你同样也会发现，古代人的智慧是今天的我们无法想象的。就比如在东周时期的展厅里的莲鹤铜方壶，在当时是用来盛酒的器具，出土时原本是一对，现如今一个藏于北京故宫博物院，一个藏于河南博物院。方壶的顶盖是镂空的莲花瓣，一只鹤立于莲花中央，周身铸有腾龙虎兽，造型与做工的华丽和精致程度，就是现代人也需要借助很多先进的设备才能完成。你是不是同样也为古代人有如此的智慧和工艺而感到惊讶？

除了"中原古代文明之光"，另外还有6个专题性的展览，其中要数"天地经纬"最为壮观宏大。在这个展厅里，用科技手段模仿

宇宙星际，从古代天文科学的角度描绘了天文科学的发展之路。日升月落，星光灿烂，宇宙之中，星球运转，在展厅中央，太阳放射出带有夸张色彩的光辉照射着万事万物。在古代天文学的研究历史上，最著名的要数张衡的地动仪和元登封郭守敬的观星台了。

相信很多人都听说过张衡的地动仪，这个早已不知所踪的举世发明。虽然它的痕迹仅有古书记载的195个

字，可是它的伟大却流传至今，令人赞叹不已。虽然今天的人都不曾见过它的真面目，但是对这样一个伟大发明的复原，却从未停止过。从这195个字的记载中，我们得知地动仪是用铜铸造而成，外面铸有八条龙，对应着八个方向，这八条龙的嘴里都含着铜球，在八条龙下面分别有八个张着嘴的蟾蜍，如果哪个方向有地震发生，哪条龙嘴里的铜球就会掉进蟾蜍的嘴巴里。后人根据这些曾制作了多个模型。

在展厅里还仿建了一座登封观星台。观星台是元代郭守敬所建，在现在的登封市，是我国现存最古老的天文台，是郭守敬为了修改历法建造的，以便更好地观测天象、测量日影。河南博物院在展厅里建造了观星台的模型，它与地动仪的模型共同显示了古代天文科技的发达。

在河南博物院里还有好多好多的展品，或大或小，每一件展品都是华夏文明的结晶，都是中华民族智慧的产物。脱掉"现代化"的外衣，你会看到整个河南无处不有历史的遗迹，哪怕是一粒小小的尘埃，都散发着古文明的清韵。

不朽的兵马俑

有一个人，他完成了中国历史上的第一次大统一，也是中国历史上第一个皇帝，从此"皇帝"这个称号就一直被沿用了几千年，丰功伟绩，难以一笔带过。但是他焚书坑儒，罪行滔天，残忍暴戾，罄竹难书。他修建长城，导致浮尸遍野，却成功地抵御了匈奴的入侵，至今长城仍是伟大的历史遗物。这个人就是

秦始皇，他是英雄又是暴君，他的功过是非，难以下一个定论。千百年来，关于秦始皇的一切，似乎变得越来越神秘。1974年，秦始皇陵兵马俑的发现，揭开了秦始皇神秘的面纱，也为后人研究他打开了一扇巨大的天窗。

秦兵马俑发现以后，在原址上建立了秦始皇兵马俑博物馆。博物馆一经开放，就在世界上引起了巨大的轰动，成为了"世界第八大奇迹"，接待海内外游客不计其数，就连国外一些政府官员乃至总理首相，也被吸引到这里。这不仅是因为秦兵马俑巨大的规模和它高超的技术水平，更是因为它向世人展现了秦始皇时期政治、军事、经济等全方面的状况，至今还没有哪个考古发现能如此全面、客观地展现一段历史。

从秦始皇陵向东1.5千米处，就是兵马俑坑。其中最先发现的是一号坑，也是最大的俑坑，是当地农民在打井时偶然发现的，后来考古工作者又陆续发现了二、三号坑。每一个坑都由不同的军队方阵组成，一号坑主要是战车和步兵的方阵，二号坑主要是弓弩兵、驱马战车、骑兵等组成，三号坑主要是军队的指挥系统。几个兵马俑坑中的陶俑，排列紧密，从指挥系统到步兵、骑兵、弓弩兵，还有各类战车，步兵中还划分出军队的前锋、主体、左右翼卫和后卫，系统齐备，井然有序，全面地再现了秦始皇时期强大的军事力量。我们后人看到这些，就会明白为什么在战乱的年代中，秦始皇能够完成统一全国的霸业的了吧。远远望去，那气势，那阵容，仿佛能听见马蹄的奔跑声，能听见士兵们充满士气的呐喊，能听见战场的厮杀声，能看见凯旋的战士们骄傲的神情。

在兵马俑坑里，不仅军队的系统划分得比较细致，就连陶俑的官衔级别都划分得非常清楚。经过考古学家的研究，从陶俑的服饰冠带上，就能将陶俑划分为：高级军吏、中级军吏、下级军吏和一般武士四个不同的级别。从这就可以看出，从秦代开始，服饰就已经有了封建等级的划分，级别不一样，穿戴就不同，其中最能代表这种区别的就是帽子。在兵马俑中，数量极少的高级军吏俑，都身材高大魁梧，气宇非凡，让人一看就有大将军的感觉，但是最能代表他们级别的还是头上的鹖冠，而且他们穿的还是双重的及膝长襦。中级军吏俑头上戴的是双板长冠，下级军吏俑头上戴的是单板长冠，而一般的武士俑只能头戴巾帻。从这里，我们不仅可以看出秦始皇时期军队系统的严整，而且还对秦朝时期人们的服装有了更多的了解。

如果你能细心地观察，你会发现这些兵马俑并不是完全一样的，哪怕是同一等级的也有着很多的差别，或神态不同，或发式不同，或手势各异。他们不仅年龄和身高不同，就连战马都各具特色。在这里，我们要赞叹，古代人是有怎样细

腻的灵魂才能做出这些形态各异的陶俑，艺术的高超更是令人叹为观止。

　　秦始皇兵马俑，在世界历史上都是一个伟大发现，它彰显了秦代强大的军事力量，军队系统的划分是后人研究秦朝军队最直接、最客观的资料，各类陶俑的等级划分也为后人研究秦朝时期的政治提供了宝贵资料。从陶俑的服饰、佩戴等，也能对秦朝时期的经济和生活做出一定的判断和研究。陶俑的制作工艺与细腻程度在陶瓷史上

也具有非常高的艺术价值，以现实生活为基础，塑造的陶俑虽个个坚毅威武，但却各具特色，工程之伟大可想而知，而在那样一个没有现代科技的时代里，古人是如何精心制作出这些做工细致的陶俑的？这也成为了现代人研究的一个课题。总体来说，兵马俑的确是中华民族历史上一道灿烂的风景。

哇，恐龙化石

距今2.5亿年前到6500万年前是爬行类动物的时代，用地质学的语言来说，是地球上的中生代时期。这个时代里爬行类动物统治着地球，其中最为现代人所熟知的爬行动物就是恐

49

龙。恐龙是一个充满神秘色彩的物种。虽然它在地球上生存的时间足足有1.6亿年之久，但是因为恐龙生活的时代太过于遥远，而且又在一个很短暂的时间里全部灭绝，所以，除了在漫长岁月里形成的恐龙化石外，我们对这个庞大的物种再无其他踪迹可寻。

恐龙化石是恐龙死后，肉体逐渐腐烂分解，直至消失，而骨头却在漫长的岁月里逐渐被尘沙所覆盖。尘沙越积越厚，恐龙的骨头被埋得越来越深，直至与氧气隔绝，在很深的地底下，经过几千万年乃至上亿年的时间，这些骨头逐渐石化，就形成了化石。

人类发现恐龙化石由来已久了。在很久很久以前，欧洲人就已经发现了地下埋藏的很多巨大的骨骼化石，不过当时并不知道这些就是恐龙化石。在后来的考古发现中，逐渐确定了这是一

种类似蜥蜴的巨大的爬行动物，因为当时人们认为这是一种恐怖的巨大蜥蜴，所以就为其取名为恐龙。因为在中生代时期，恐龙是统治地球的生物，它的足迹无处不在，所以今天在很多地方都有恐龙化石的遗迹。科学家研究发现，恐龙分为很多种，根据食性，有素食性的，有肉食性的，有杂食性的，有的体型很大，有的体型很小。在中华恐龙园里的中华恐龙馆中就陈列着许许多多的恐龙化石，其中有一个世界上最大的鸭嘴恐龙化石，它是巨型山东龙，是中华恐龙园向中国地质博物馆租来陈列的，另外还有世界上最早长有羽毛的恐龙，鸟类

的祖先——中华龙鸟。

巨型山东龙陈列在恐龙陈列厅里，身高8米，身长15米。因为体型庞大，又是在我国的山东省发现的，才因此而得名。巨型山东龙是鸭嘴龙科的恐龙，是平头鸭嘴龙的代表，它的嘴巴又扁又宽，像极了鸭子的嘴巴，头部的骨头长长的，头顶比较平。别看巨型山东龙体型这么庞大，它可是以植物为主要食物的素食性恐龙呢，性格非常温顺。巨型山东龙还是鸟脚类恐龙，它的脚和鸟类的爪子很相像，有四条腿，后肢比较粗壮，而前肢相对比较弱小，行走时用两条后腿行走，趾间有蹼，并且它还有一个长长的大尾巴。根据科学家的推算，巨型山东龙有8吨到30吨这么重，而它却可以用两条腿来支撑这么重的身体行走，这简直是太不可思议了！

在中华恐龙馆中还有一个专门陈列中华龙鸟化石的展厅。中华龙鸟是处于恐龙与鸟类过渡时期的物种，中华龙鸟化石的发现，为鸟类是由恐龙演化过来的学说提供了有力的支持。这种化石体型比较小，大约有1米左右，前肢比较短，而后肢比较长且粗壮，爪子十

分尖锐、锋利，身上长满了绒毛。据科学家估计，这些绒毛有可能就是羽毛的前身。

由于中华恐龙园是一个以恐龙为主题的专题公园，这里集中展示了中国系列的恐龙化石。在这里，你不仅可以看到各种各样的恐龙化石，了解到恐龙的产生和演化，以及恐龙灭绝的各种学说，而且馆内采用现代的高科技和影视特效，再现恐龙的生存环境，让你一进去仿佛就回到了恐龙时代，置身于大自然中，与恐龙面对面地生存。对恐龙充满好奇的你，在这里可以充分地观察各种各样的恐龙，你肯定会学到很多在书本上看不到的关于恐龙的知识。

在地球演化厅中，我们可以很直观地看到每一个地质年代距

今有多少年，以这种直观的方式，将我们带入到中生代那个恐龙的时代。在丛林厅里你仿佛进入到了恐龙生活的丛林，这里不仅有国内外发现的很多著名的恐龙化石，也有很多恐龙蛋和恐龙脚印的化石。你在恐龙陈列厅和中华龙鸟厅里看到的恐龙化石，长着大大的嘴巴，好像随时会向你扑过来，不过你放心，它们真的只是化石而已，是不会上演《侏罗纪公园》里那些惊险的画面的。

恐龙的灭绝，一直是一个不解之谜，有的理论说是因为小行

星撞击地球造成的，有的理论支持火山爆发，还有的理论将这两种学说合二为一，说是因为小行星撞击地球导致了地球上出现了从未有过的大地震，又造成了地球多处火山喷发。火山喷发后产生的粉尘、有害物质等，致使恐龙在很短的时间里灭绝。但是在地质考察中却从没有发现过足以导致地球超级大地震的外来天体的痕迹，也没有找到足以埋没全球的火山喷发时产生的火山岩。另外还有的理论说是因为地球上的气候突然转变，极度的寒冷和干燥，导致地球上的很多生物死亡，而恐龙因为寒冷，又缺乏食物，也难逃灭绝的厄运。还有的说是恐龙并没有灭绝，而是逐渐进化成了很多现代的生物。总之，关于恐龙灭绝的原因，有各种理论和假说，众说纷纭，却始终没有一个确切的定论。

寻找远古人

你是从哪里来的？整个人类又是从哪里来的？你是否曾经问过自己这样的问题呢？带着这个问题，我们一起去北京房山区的周口店遗址博物馆看看是否有我们想要的答案吧。

周口店遗址博物馆是一座关于远古人类的博物馆。1929年，古人类学家裴文中先生带领着他的考古队员，在北京周口店龙骨山的山脚下发现了一个完整的古人类头盖骨化石，因为是在北京发现的，所以就命名为"北京人"，这项发现在世界考古界与古人类学界都引起了很大的轰动。后来为了保护周口店遗址，也为了广泛普及人类起源的知识，国家在原来周口店遗址的基础上建立了周口店遗址博物馆。

周口店遗址博物馆不仅介绍了"北京人"的生活环境和状况等，同时也向世人展示了"新洞人"和"山顶洞人"的生活状况。这三种人，虽然都是古人类，但是他们生活在地球上的时间不同，生产、生活的环境和状况也有很大的差别。

　　"北京人"生活在60万年前，而"新洞人"和"山顶洞人"分别生活在10万年前和1.8万年前。在这所博物馆里，对这三种古人类都有详细的介绍。第一个展厅主要展示"北京人"头盖骨的模型和他们用火的遗迹，还有一些简单粗糙的石器；第二个展厅主要是再现"北京人"生活的场所和习性；第三个展厅主要是龙骨山考古发现的分布图以及一件1.8万年前山

顶洞人的遗物——一串青贝壳、兽牙、小石头制成的古老项链；第四个展厅则陈列着各时期的古人类化石以及他们所使用的石器，还有在远古时期人类的艺术品等。

仔细观察"北京人"的模型和化石，我们可以发现，他们身材矮小但是很粗壮，腿比较短，手臂相对比较长，头部向前倾，嘴巴有点向前突出，鼻子扁平，但是颧骨比较突出，眉毛粗大浓密，眉骨突出，整个面貌跟猿很像。但是他们之间还是有本质的区别的，那就是"北京人"会制造工具，而猿即使能够学会使用工具，他们也学不会制作工具。从陈列的物品中，可以发现

　　“北京人”已经会制造一些简单的石器，这些石器有的有着比较锋利的石刃，他们可以用来削树枝或者切割东西，有的是尖状的，有的是球形的，还有石锤、石钻等工具。从那些石器工具可以看出，“北京人”主要以狩猎为生，而且在他们的洞穴里还有一些羊、野猪等的骨头，上面依旧清晰的砍切痕迹也证明了这一点。除了狩猎，他们还食用野果、树叶、树籽等。“北京人”能够利用天然火，这在古人类考古中是一项惊人的发现，在“北京人”的洞穴里发现了烧焦的树籽和成堆的烧火形成的灰烬。这些都说明：“北京人”已经对火有一定的了解，并能够很好地利用。

　　山顶洞人也是古人类考古中一个重要的发现，他们的长相已

经很接近现代人了，他们制作的石器也比"北京人"精致了很多。展品中有一些用贝壳、小石头等做成的项链，这表明"山顶洞人"已经学会了佩戴饰品，已经有了一颗爱美之心。展品中还有用很小的骨头做成的针，骨针在"山顶洞人"的考古中是一个比较有代表性的工具，这表明"山顶洞人"已经掌握了钻孔工艺和缝制工艺，而且他们不仅学会了单面钻孔，还掌握了双面钻孔工艺。从这些小小的骨针中也可以看出，"山顶洞人"不仅会使用石器工具，也已经开始使用骨器工具了呢！在"山顶洞人"生活的时期还出现了最原始的宗教礼仪，他们已经开始对死者进行埋葬，并且还要撒上铁矿粉。

"新洞人"是在"北京人"和"山顶洞人"之间生活在龙骨山的古人类，他们的长相和特征基本介于"北京人"和"山顶洞人"之间，新洞人的发现填补了"北京人"和"山顶洞人"之间的空缺。

北京人

也许很多人会想当然地认为"北京人"就是中国人的祖先，其实事实可能并不是这样。根据目前对古人类与现代人类的研究发现，现代的东亚人应该是在大约5万年前从非洲迁移过来的，如今的中国人与"北京人"之间好像并没有太大的联系，但是至今科学界也没有做出具体定论，而"北京人"是灭绝了还是后来迁移到别的地方了，也不得而知，只是"北京人"曾经在龙骨山生活过是真实存在的事实。

丝绸之路上的驼铃声

在今天的甘肃省，有一座世界上"最大的地下画廊"，那里记载了在历史上连接东西方的伟大道路的辉煌，那就是丝绸之路，而这个"地下画廊"就是丝绸之路博物馆。这所博物馆再现了丝绸之路上数千年的文明。

西汉时期张骞的"凿空之旅"，东汉时期班超再次打通，从

西安出发，跨过层层山脉，经过河西走廊，出了玉门关，到达新疆，又沿着沙漠上的绿洲，一路来到中亚、西亚等地，最终到达非洲和欧洲。历史上连接东西方的一条重要的道路由此开通，在这条道路上，中国的商品源源不断地运往西方国家。因为丝绸是这条路上最具代表的贸易品，所以后人称这条路为"丝绸之路"。丝绸之路的开通，让东西方国家首次实现了贯通，这不仅是一条贸易之路，更是东西方国家友好往来、不断沟通的伟大道路。因为丝绸之路在历史上的作用和地位非比寻常，也是第一次实现东西方的互通往来，所以史学家们现在就将古时候沟通东西方的商业道路都称为"丝绸之路"。

　　坐落在甘肃省的这座丝绸之路博物馆，就是想重现几千年来这条伟大的丝绸之路上的灿烂文明。2008年，亚欧的许多国家共同签署了一份关于复兴"丝绸之路"的协议。丝绸之路博物馆依照古代丝绸之路的线路进行总体布局，将沿途各国的建筑风格融入其中。一路走来，仿佛从洛阳走到罗马，仿佛真的回到了2000年前的古道上，在那个古老又辉煌的时代，一路游览，一路欣喜。置身在整个园区中，你不得不赞叹："哦，原来历史是可以复活的！"丝绸之路博物馆，让人们重游丝绸之路的梦想不再是空谈，让历史永远定格在那些灿烂的年代。

　　整个博物馆划分为7个展厅，分别展览了丝绸之路上一些重要国家的比较有代表性的贸易品，按照丝绸之路的路线及其起源和发展进行设计。在展区里，再现了关塞长城、大漠石窟，犹如几千年前的人们正从洛阳走向罗马，一路上的驼铃声摇曳着来往

人们回家的心。这样一幅美丽的画卷，让人忍不住停下前行的步伐，在此畅想，在此流连。

在展厅里，我们还可以看见曾经在丝绸之路上进行交易的各个国家的贸易品，中国丝绸、绫罗，多种多样，还有瓷器也曾在这条路上被运往其他国家，也正因为这两样重要的贸易品，中国在历史上曾被西方国家称为"丝绸之国"和"瓷器之国"。中国的印刷术以及很多技术也是沿着这条路一直传到西方的。其他国家的一些货物也通过这条路来到中国，葡萄、菠菜、黄瓜、胡椒、胡萝卜等也是从那时传入中国的。是不是有人要说了，怪不得"胡萝卜"前面会有一个"胡"字。那时候，西域的葡萄酒也给中国的酒文化添上了重要的一笔。

　　当然在这条路上，不可不提的就是佛教的传播。佛教沿着丝绸之路从西域传到中国，著名的龙门石窟便是最好的见证。中国历史上还多次派使节和僧侣去西域和印度学习佛经。佛教后来又沿着海上丝绸之路传到了日本和其他国家。除了佛教、拜火教、摩尼教和景教也是沿着丝绸之路传到中国的。

　　丝绸之路自开通以来，承载了东西方国家数千年的贸易往来，它在历史上的地位是无可替代的。

一起去放风筝吧

在每年春天伊始，徐徐的南风刮来温暖的味道，和煦的阳光融化地面的冰雪，这个时候，人们最欢喜的莫过于在田野里放风筝了。抖开一个大大的风筝，一手牵着风筝，一手拿着线，逆着

风开始奔跑，然后看着风筝缓缓地升上天空，风吹过，风筝开始摇曳，或者下沉，抖一抖手中的线，或者向前小跑几步，又稳稳地挂在半空中。抬头看看天上的风筝，有迎着风飞上天空的小燕子，有向着太阳展翅高飞的苍鹰，有翩然多姿的蝴蝶，也有盘旋在天空中的长龙，各式各样的风筝在天空中媲美，地上的人们也进行着比赛，比谁扎的风筝漂亮，谁的风筝飞得高。

如果要寻找全国最好的风筝和最会扎风筝的人，大概要去潍坊和南通了。潍坊是我国的"风筝之乡"，更被世界各国称为"世界风筝之都"。每年的4月20日到4月25日都是一年一度的"潍坊风筝节"。每到那时，来自世界各地的风筝爱好者和旅游观光的人们聚集在潍坊，人山人海，只为参加这一年一度的风筝盛会。

我国是风筝的故乡，相传在战国时期就已经有了风筝，后来风筝传到很多国家，成为了继陶瓷和丝绸之后的另一个中国的象征，北京奥运会的吉祥物中还有一个就是传统的风筝呢！在我国很多地方都有以风筝为主题的博物馆，其中最著名的还要数潍坊

风筝博物馆和南通风筝博物馆。在这两个博物馆中，不仅有关于风筝的历史和文化的详尽展示，而且还有全国乃至世界各地最具代表性的风筝齐聚一堂，让所有喜爱风筝的人都能在这里大饱眼福。

　　潍坊风筝博物馆在建筑上吸收了潍坊最具特色的龙头蜈蚣风筝的特点，整个屋脊是一条陶瓷做成的巨龙，犹如一条长龙遨游在浩瀚长空中。这座博物馆主要向游客介绍了风筝的历史与发展。相传在春秋战国时期，墨子制作过一只木鸢，这就是风筝的雏形，经过后人的不断加工改造才最终制作出我们今天所看到的风筝。后来风筝还传到很多国家，受到外国人的青睐，很多国家至今还将我国称为"风筝之国"呢。据说今天的滑翔机等一些飞

行器也是根据风筝的原理制作而成的。潍坊风筝博物馆还用多个展厅分别展出了世界各个地方的风筝，让游客能够在参观本国风筝的同时将世界各个地方的风筝进行比较，看看从中国飞出去的风筝，经过其他国家的改良，有了什么新的元素在里面。

中国精品风筝展中，风筝是作为一种传统文化、一种承载着历史的艺术品展现在游客面前的。全国各地的风筝千姿百态，形态各异，因为地域文化不同，风筝也呈现出不同的特征。这不仅让人们看到了我国其他地方的风筝特色，也让人们借助风筝了解了各个地方的文化特征。

潍坊风筝精品展中，将风筝作为潍坊的艺术代表，让游客恍然间竟不知到底是风筝中融入了潍坊的风俗民情，还是潍坊的风俗中融入了风筝，千百年来，二者已经成为了不可分割的整体。博物馆还专门开辟了一个展厅，主要用于举办潍坊国际风筝会，这是在世界风筝交流中影响最大的一个盛会，国际风筝会的召开，大大地提高了潍坊的国际知名度，也提高了风筝的地位，让更多的人喜爱这个中国传统的文化艺术。

南通风筝博物馆则主要介绍了风筝的文化、风筝的贡献和

世界各地的多彩多姿的风筝。第一展厅："厚重的风筝文化"展厅，向游客介绍了风筝的起源和发展，以及关于风筝的历史传说。此外还用很多古代诗人和文化名人的关于风筝的诗句，为风筝添上了一笔更优美的色彩。在这里还可以欣赏风筝的做法，绘画、雕刻等每一个步骤都十分的讲究。还有许多与风筝有关的乐器也在此展示，更加丰富了风筝的文化。第二展厅："巨大的风筝贡献"展厅，介绍了自古以来有关风筝在人们的生活和军事以及现代科技中的贡献，而且还说明放风筝是一种强身健体的全民运动，老少皆宜。第三展厅"精彩的风筝世界"和第四展厅"独特的南通板鹞以及风筝制作室、影视厅"也同样精彩纷呈。各种各样的风筝陈列在这些展厅的每一个角落中，互相争艳，互相媲美，真是让人目不暇接。风筝在南北不同的地方有不同的叫法，俗话说"南鹞北鸢"，在北方成为纸鸢，在南方则成为板鹞。在板鹞中以南通的哨口板鹞为代表，在南通风筝博物馆中，陈列着一个最老的"大嗡声"哨口，这是道光年间的风筝，至今仍保存得十分完整。

板鹞

　　板鹞也叫作南通板鹞，是风筝的一种。北方的纸鸢，通常以鸟、兽等吉祥物作为风筝的图案和形状，而板鹞主要是六角形的，大六角形的板鹞最为多见，由几个小六角形的风筝组合在一起形成一个大六角形。板鹞上还会缀上哨子，飞起来的时候，风一吹，就会发出声音，在哨子中最大的一个一般称为"嗡声"，由葫芦做成。南通是我国著名的盛产风筝的地方，主要盛产板鹞。南通板鹞做工精美、绘画精细，在全国是绝无仅有的。

针线编织的美好图案

　　刺绣离我们的生活并不遥远，更确切地说，我们的生活中无处不存在刺绣，我们的衣服、手绢、丝巾等，都绣满了很多漂亮的图案。刺绣起源于中国，在古代，绣满了图案的绫罗绸缎从丝绸之路传入其他国家，受到了全世界人们的青睐。刺绣有很多种，我国的四大名绣分别是苏绣、湘绣、粤绣、蜀绣，如今最大众化的刺绣应该算是十字绣了，因其绣法简单，图案精美华贵而被人们所喜爱。

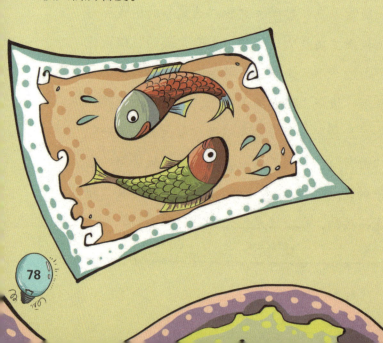

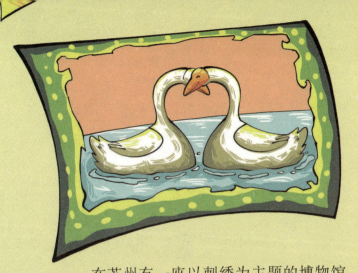

　　在苏州有一座以刺绣为主题的博物馆。这座博物馆承载了流传千年的刺绣文化，也向现代人普及了刺绣知识，让人们更了解刺绣，喜爱刺绣。刺绣艺术馆的建筑风格融入了江南小镇的感觉和苏州园林的风格，园林内有山有水，有亭台楼阁，无处不渗透着古韵古香。在刺绣艺术馆中，专设展厅让人们了解刺绣的起源和发展的历史。刺绣的起源由来已久，古人们喜欢在衣服上绣上各种图腾图案，既起到装饰作用，也起到了划分阶层的作用，比如封建时期的龙袍，只有皇帝的衣服上才能有龙的图案。后来刺绣的技艺逐渐成熟，花鸟鱼虫、人物风景、山水花卉都可以成为刺绣的图案。再后来在不同的地域还出现了不同的针法，最著名的就是中国的四

大名绣。这里也专设展厅陈列了四大名绣的很多代表作品，根据针法和引线的不同，形成了地域的差别。刺绣艺术馆不愧为向人们展现刺绣艺术的圣地，这里还设有一个刺绣表演厅，游客在这里可以看到几十个人在绣架前安静地刺绣。针和线就在那些刺绣工作人员的手中，单调地一上一下，便能编织出一幅幅精美的图案。

刺绣艺术馆自建馆以来，便承担了传承我国刺绣艺术文化的重任，艺术馆也以此为宗旨，向人们展示了多种多样的刺绣艺术

品，同时也向人们展示了刺绣的过程和工艺的复杂，让人们能够更加了解刺绣艺术。刺绣还承载着很多美好的寓意与感情，更是与民俗有着紧密的联系，比如结婚嫁娶时，一些地方会由母亲亲手绣"连生贵子"的喜被，不仅有着美好寓意，更寄托着深沉而伟大的母爱。如今已经有越来越多的人参与到刺绣中来，也成为继承这一艺术文化的一分子。很多刺绣的艺术品也成为现代人们采购的热门商品，如丝巾、枕头、服装等，无论是送人还是自己使用，都是消费者热衷的选择。

神秘的微笑在哪里

大家都知道达·芬奇画鸡蛋的故事吧，那么你们还知道达·芬奇的什么作品呢？对了，就是世界著名的画作《蒙娜丽莎》。目前，这幅伟大的画作就收藏在著名的卢浮宫博物馆里，是卢浮宫博物馆的镇馆之宝呢！除了《蒙娜丽莎》之外，卢浮宫还有两件镇馆之宝，一个是《维纳斯》雕像，还有一个是《胜利女神》石雕。下面让我们对这三件镇馆之宝分别作一下介绍吧！

创作《蒙娜丽莎》这幅画作，达·芬奇花了约4年的时间，画成以后就因主人公蒙娜丽莎那神秘的微笑而让世人为之倾倒。之所以说蒙娜丽莎的微笑神秘，是因为不同的人看会有不同的感触，就是同一个人在不同的情况下看也会有不同的感觉。有时觉得她笑得很甜蜜，有时觉得那笑容里分明带有些许哀伤，有时觉得她并没有笑，有时又觉得那个笑容里带着说不尽的讥讽和嘲笑。因为这样一个神秘的笑容，无数艺术家运用各种各样的方法和手段进行研究，甚至有很多科学家和医学家也参与到其中，众说纷纭。有的说蒙娜丽莎根本就没有笑，有的说是因为蒙娜丽莎刚刚得过中风，面部肌肉有些松弛，让人看起来像是在微笑，还有的说蒙娜丽莎因为怀孕了，所以在不经意间流露出幸福的感觉。那么我们会问了，到底哪种感觉才是真的呢？到底达·芬奇画这幅画时是想表达怎样的心境呢？其实这些都不重要，重要的是你自己，你认为她的微笑是什么样的，那就是什么样的。从另一个角度来说，这也是一幅能够反射人们心理的作品，幸福的人会觉得笑容是幸福的，不幸的人觉得笑容是哀伤的，不管达·芬奇本人想要表达什么，其实最重要的还是通过这样的一幅画来关注一下自己的内心。

卢浮宫里还有一件举世闻名的藏品，就是《维纳斯》雕像，也叫作"断臂维纳斯"。维纳斯是古罗马神话中象征着爱与美的女神。有的人也许不熟悉维纳斯，但是你

们知道爱神丘比特吗？在古罗马神话中维纳斯就是丘比特的妈妈呢。在很多的文学作品和艺术作品中，都有关于维纳斯的传说，也塑造了很多维纳斯的形象，最著名的要数卢浮宫博物馆里的《维纳斯》雕像了，这个雕像是希腊的一个名叫伊奥尔科斯的农民在田间耕作时挖到的，当时的《维纳斯》雕像并不是断臂的，而是一手向下扶着衣襟，一手向上握着一只苹果。后来维纳斯雕像的事情被传开，很多国家的人都想得到这个稀世珍宝，为了争夺这个雕塑，法国、英国、希腊展开了一场激烈的争夺战，在混战的过程中，不慎将双臂砸断，从此《维纳斯》就变成了"断臂维纳斯"。

另外一个被卢浮宫视为镇馆之宝的就是《胜利女神》石雕，希腊神话中的胜利女神名叫尼姬，她是一个长着翅膀的、身材健美的女神，代表着胜利。而在卢浮宫的这座石雕，被称作"萨莫色雷斯的胜利女神"，是用大理石雕刻而成的，有将近3米高，是创作于希腊化时期的作品，虽然头部已经残缺，但是依然是稀世珍宝。相传这座雕像是在公元前190年前后，在萨莫色雷斯岛的一座庙前竖立的。女神张开翅膀，迎着海风，站在神庙门前，迎接着凯旋的国王和将士，散发着生命的活力和因为胜利而产生的骄傲的姿态。最初发现这座雕像的时候，只是一些破碎的石块，经过多年的努力，终于将其修复，但是仍然缺少头部和手臂。虽然这个女神的石雕已经不完整了，但是仍然有着很强的视觉冲击力和感染力，看到这座雕像的人都会很快被雕像的那种英姿飒爽的神态所感染，内心充满了青春与生命的活力，给人一种清新洋溢又充满力量的感觉，也正因如此，这座雕像才更显珍贵。

除此之外，卢浮宫还馆藏了很多其他的世界上著名的艺术品，有《奥林匹亚》和米开朗琪罗的《垂死的奴隶》等。卢浮宫还孕育了很多世界著名艺术家，很多有才华但是被埋没的艺术家因为有作品在卢浮宫展出，继而才华被世人所发现。卢浮宫里的宝贝真的是数不胜数，举不胜举，如果有机会，一定要去这个世界著名的博物馆饱览一番。

多姿多彩的巴黎

想要仅仅通过一座博物馆就全方位地了解一个国家的各种艺术，很多世界著名博物馆，恐怕也是做不到的。但是有一个博物馆却做到了，这就是位于法国首都巴黎的巴黎博物馆。巴黎博物馆不是一个单一的博物

馆，而是由各种不同的分馆组成的一个综合博物馆。

很多人的童年都是由玩偶陪伴的，女孩子喜欢芭比娃娃，而男孩子喜欢超人。在巴黎的这个玩偶博物馆里，你可以见到许许多多的玩偶。这是一对父子在1994年建立的博物馆，这个博物馆收藏着这对父子收藏的世界各地的玩偶娃娃，其中最早的玩偶娃娃竟然是1800年之前的呢。这些娃娃被分别陈列在7个小厅里，500多个橱窗展示着娃娃们的各种生活场景。令人赞叹的是这对父子对场景的设置细致入微，哪怕是一样很小的道具都不会出错。

有这么美好的场景，如果没有音乐的加入是不是会觉得少了点什么呢？王子遇到公主的时候，总会响起动人的音乐，那么在欣赏玩偶博物馆的时候，我们也需要一点点音乐来助兴。别急，这个问题就交给音乐法国博物馆来完成吧！音乐法国博物馆可以让你和音乐近距离接触，去音乐的世界里遨游。我们可以在这里一展歌喉，开一场个人演唱会，也可以在这里亲自动手制作乐器，谱写曲子，为

自己写出一首动听的歌。要是觉得这样还不过瘾，那么我们就来开一场中世纪的皇室音乐会吧，一场气势恢宏的音乐会。

我们的歌声，最想引来的其中一位一定是圣诞老人啦！在西方的传统节日里，12月24日是平安夜，在这天夜里，圣诞老人会驾着雪撬，从烟囱里爬到小朋友的卧室，在小朋友床头的袜子里放下新年礼物。圣诞老人的故事在西方流传很广，而且各有各的称呼。各种圣诞老人的传说在世界各地流传，甚至有人为探寻圣诞老人的踪迹去周游世界呢。巴黎有圣诞老人博物馆，主要是因为传说中圣诞老人的乡间小屋在巴黎的枫丹白露。巴黎圣诞老人

博物馆里收藏着关于圣诞老人的各种传说，包括有关圣诞老人前世和今生的传说。现在的圣诞老人博物馆曾经是一家酿酒厂。

　　在法国首都巴黎，像这样的博物馆数不胜数，作为西方文化文艺复兴的重要城镇之一，法国有着悠久的历史和浓厚的文化。这些文化在巴黎沉淀、积累，聚集在属于自己的角落里，漫步在整个巴黎，就像是漫步在一座巨大的博物馆之中。

四大文明哪里寻

在世界文明的发展历史上，曾经有这么四个国家和地区闪耀着璀璨的文明，那就是古巴比伦、古埃及、古印度和古代中国。这四个国家和地区是世界上最早产生文明的地方，我国清朝末年的著名学者梁启超曾经提出过"地球上古文明国家有四"的说法，就是指这四个地方。

要一次了解到这四大文明，世界上有一个最好的去处，那就是位于英国首都伦敦的大英博物馆。大英博物馆是世界上最著名的四大博物馆之一，也是英国的国家博物馆。因为英国全称叫大不列颠及北爱尔兰联合王国，所以大英博物馆也被称为"不列颠博物馆"。

大英博物馆建馆于1753年，1759年正式对外开放，供游人参观。里面所收藏的展品大多是英国在18世纪到19世纪从世界各地通过战争掠夺来的各国珍贵物品。1753年，收藏家汉斯·斯隆爵士去世，按照他的遗嘱，将他所收藏的71000多件藏品和大量的书籍、手稿等全部捐给了大英帝国。英国国会通过公众募集的方式建造了现在的大英博物馆。

大英博物馆分为10个展馆，

他们分别是：收藏亚洲和非洲部分地区藏品的古近东馆（欧洲人把亚洲西南部和非洲东北部称作近东）、硬币和纪念币馆、埃及馆、民族馆、希腊和罗马馆、日本馆、中世纪及近代欧洲馆、东方馆、史前及早期欧洲馆、版画和素描馆、西亚馆。里面共有100多个陈列室，展览总面积在6万～7万平方米左右，珍藏着数百万件藏品，是四大博物馆里藏品最多的博物馆。

大英博物馆里收藏数量最多的是古埃及的艺术品，收藏的数量只比埃及本国内的埃及博物馆少一点。代表着古埃及文明历史的罗赛塔石碑、亚尼的死亡之书、拉美西斯二世的胸像等埃及珍贵艺术品和历史资料都在博物馆内收藏。亚尼的死亡之书和罗赛塔石碑更是大英博物馆的镇馆之宝之二。罗赛塔石碑上刻着古埃及国王的诏书，上面分别刻着古埃及和希腊文字，这是法国拿破仑在埃及退败后英国获得的第一批珍贵文物，它的发现为研究希腊和埃及语言

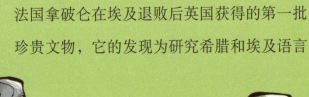

提供了宝贵的资料。

　　大英博物馆的33号展厅是专门为陈列中国文物开设的展厅，是大英博物馆内少有的几个单独国别的展厅之一。里面陈列的物品基本上囊括了整个中国的艺术和历史。最远的有远古时期的石器、商周时期的青铜器、魏晋南北朝时期的佛经、唐宋时代的书画等等。这些都是英国在侵略中国的时候掠夺走的珍贵宝物。其中东晋顾恺之的《女史箴图》的唐代摹本是中国书画史上的重要文物，一直是宫廷收藏的物品。1900年，八国联军焚烧圆明园的时候，英国大尉基勇松把这幅珍贵的画作偷盗到了英国。北京故宫博物院

  虽然同样收藏着《女史箴图》的宋代摹本，但是无论从色彩和用笔意境上都不如大英博物馆收藏的这个版本好。

  在中国厅中央的墙上，还有几十平方米的敦煌壁画，这些壁画是魏晋到五代时期的作品。1856年到1932年间，多个西方探险家打着科学研究的名义进入中国西部地区，采用哄骗和收买的手段从当地人手里购买、掠夺走了这些珍贵的画作。

  除画作之外，中国明朝和清朝时期的瓷器和玉器也是大英博物馆收藏品中数量不少的物品。中国制作瓷器和玉器的技术由来已久，瓷器也曾漂洋过海传往世界各国。英语中"china"最早是指瓷器，因为这些瓷器来自于中国，所以后来中国也被西方人称为"China"。大英博物馆里的陶瓷展厅是除中国以外的世界上最齐全、最大的陶瓷博物馆。里面收藏着唐代的三色瓷器，宋代的官窑、哥窑、定窑、钧窑，元代的青瓷花瓶等等，不一而足，琳琅满目。

两河流域文明的藏品在大英博物馆也不在少数，最著名的应该是古希腊帕特农神庙里的埃尔金大理石雕塑。帕特农神庙是古希

腊最重要的神庙之一，里面的雕塑更是珍贵。大英博物馆现在所收藏的这个大理石雕塑距离现在已经有2500多年的历史了。19世纪初，英国外交官埃尔金伯爵从土耳其帝国手中买下了这些珍贵的雕塑。1816年，英国王室从伯爵手里收购了这些雕塑并把它们放入大英博物馆，成为大英博物馆最具有代表性的藏品之一。

古印度的宝石戒指也是大英博物馆引人注目的藏品。各种颜色、形状的宝石一应俱全。这些制作精致的宝石戒指代表着古印度高度的文明，非常珍贵。

大英博物馆另一大特色就是博物馆的藏书非常之多，浩如烟海。1823年，继汉斯·斯隆之后，英王乔治

九世捐献出了他父亲的大量藏书，经过200多年的积累，这里收集的藏书已经非常丰富，涵盖着英国本国以及埃及、中国、希腊、罗马、巴比伦等众多古老国家的书籍。1973年，大英博物馆图书馆被分割出去，建成了不列颠图书馆。

整个大英博物馆，记录着世界各地文明的变化和进程，也记录着种种灾难和耻辱。

其实他们是蜡像

　　大家都知道塑像有的是用石头雕刻而成的，有的是用面粉捏成的，也有的是用石膏做成的，可是用"蜡"做成的塑像你听说过吗？这些像不但是用蜡做成的，而且个个都是名人，世界上就有这样一个神奇的博物馆——杜莎夫人蜡像馆。

　　人类很早就发现了"蜡"这一材料，并且掌握了蜡的使用方法。在西方，早在古巴比伦时期，就有人类使用蜡的痕迹。中国也早在2500年前就掌握了这门技术。

　　17世纪到18世纪，西班牙、意大利的彩色蜡塑浮雕在欧洲各国流行，蜡像也由此开始在欧洲各国受欢迎起来。随着战争的爆发，各国的人员流动，蜡像技术也开始在欧洲各国传播。蜡像技术被运用在了各种领域，爱好蜡像技术的各国爱好者也开始举办自己的作品展。

　　杜莎夫人蜡像馆是以创办人杜莎夫人的名字命名的。杜莎夫人是世界上著名的蜡制雕塑家，她一生坎坷又坚强，博得了众多名人的尊敬。她是一位医生的管家的女儿，她从这位医生手里学习到了蜡像制作技艺。1777年，杜莎夫人为她人生中第一位名人伏尔泰制作了蜡像。之后，她陆续为法国伟大的启蒙思想家卢梭、美国著名科学家富兰克林制作了蜡像。杜莎夫人从此喜欢上了蜡像制作技艺，她为了制作蜡像，甚至曾经在断头台下收集过革命者的头颅。她的第一座蜡像馆里陈列的就是法国大革命时期

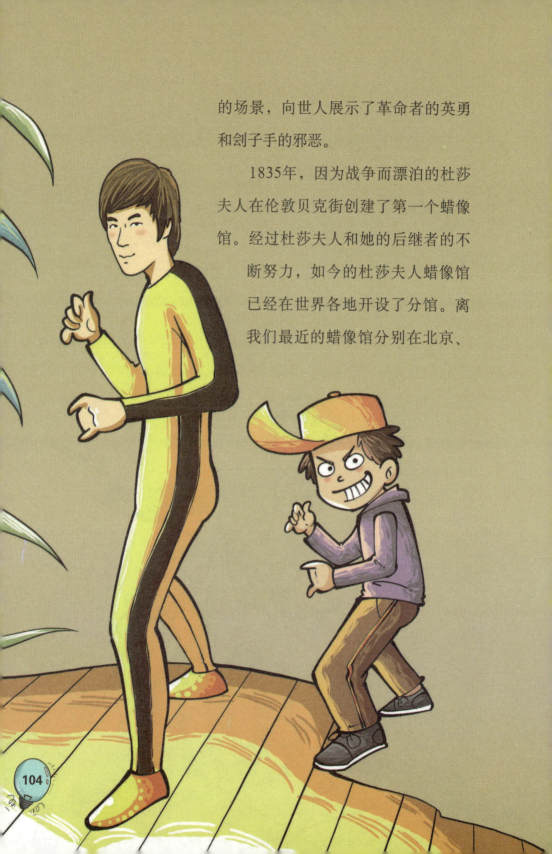

的场景，向世人展示了革命者的英勇和刽子手的邪恶。

　　1835年，因为战争而漂泊的杜莎夫人在伦敦贝克街创建了第一个蜡像馆。经过杜莎夫人和她的后继者的不断努力，如今的杜莎夫人蜡像馆已经在世界各地开设了分馆。离我们最近的蜡像馆分别在北京、上海、重庆、香港、武汉，这五个蜡像馆里收藏着中国各行各业的几百位名人。

首先，我们走进香港分馆，香港杜莎夫人蜡像馆是杜莎夫人蜡像馆在亚洲地区开设的第一个分馆。香港最有名的就是影视和经济，所以，这里收藏的蜡像数量最多的也是影视明星。这边刚看过国际影视巨星张国荣，那边就来了华人动作片大师李小龙，梅艳芳在深情歌唱，刘德华用招牌式的笑容迎接我们，周杰伦、黎明、古天乐等等摆出各种造型，让你一饱眼福。

伟人是永远的偶像，在杜莎夫人香港分馆，收藏着不同时期为国家而奋斗的人。有辛亥革命先驱孙中山、新中国的创始人毛泽东、国家第一任总理周恩来、改革开放倡导者邓小平

以及世界各国的领导人。在这里，我们可以向伟人致敬，学习伟人的辉煌事迹。

2006年，继香港之后，中国最大的都市上海也迎来了杜莎夫人蜡像馆。上海杜莎夫人蜡像馆是从全球三十几个候选城市里脱颖而出的。这里收藏的每一位明星蜡像，都是中国人最喜爱的明星。

我们走进上海分馆，能看到中国第一位航天英雄杨利伟，他是中国第一位圆了"飞天梦"的英雄。2003年，他乘坐我国自主研发的宇宙飞船"神舟五号"飞向了太空。

再看那边，高高的个子，强健的体魄，那是中国第一位走向世界的篮球明星姚明。他快速又熟练地拍打着手中的篮球，仿佛时刻准备着投出关键的一球。就在这个时候，一个像离弦飞箭的影子冲了出来，站在了姚明面前，他得意地说："你的速度有我快吗？"他不是别人，正是亚洲第一飞人刘翔。就在刘翔洋洋得意的时候，邓亚萍拿着乒乓球拍从旁边走出来

说："我的球一定能赢过你的双脚。"

就在体育明星争得不可开交的时候，大导演张艺谋站出来当起了和事佬，在他的提议下，所有人面对着他的镜头开心地笑了起来。大导演不愧为大导演，就是有这么大的魅力。

杜莎夫人蜡像馆因为栩栩如生的技艺获得我们的认同，也获得了大众的青睐。坎坷又神奇的杜莎夫人蜡像馆经过几百年的风雨洗礼，依然为我们提供着欢乐。

西半球最大的博物馆

　　纽约大都会博物馆与法国卢浮宫博物馆、英国的大英博物馆、俄罗斯的艾尔米塔什博物馆并称为世界四大博物馆。

　　纽约大都会博物馆和其他博物馆一样，有着悠久的历史。自从1880年搬到现在的纽约5号大道82号街后，就再也没有搬迁过了。整个大都会博物馆占地13万平方米。虽然单从面积上来说，要9个大都会博物馆才能和我们的北京故宫博物馆一样大，但是纽约大都会博物馆的展出面积约在24万平方米，相当于故宫博物馆的2倍，称之为西半球最大的博物馆一点也不为过。

　　大都会博物馆为什么会这么大呢？原因在于它是多个博物馆的组成，并且还在不断地发展和完善当中。1981年春天，在美国和中国的通力合作下，阿斯特庭院在大都会博物馆建造成功，这座庭院是根据中国最具民族特色的园林——网师园的建筑风格设计的。阿斯特庭院内的"明轩"里收藏着各类中国明朝和清朝时期风格的家具。

在大都会博物馆里，最有特色的应该是服装的收藏了。把一件我们日常所穿的衣服作为一件艺术品那样收藏，这是其他地方所没有的。纽约大都会博物馆不仅收藏了世界各地的服装1万多件，而且每件衣服都有各种详实的资料和图片供参观者查询。设计师可以在这里寻找创作的灵感，追求艺术的最高境界，设计出最漂亮的服装款式。大都会博物馆还为设计师们专门准备了寻找灵感用的小工作室呢！

T·J·沃森图书馆是大都会博物馆在1964年建成的，总共藏书18万余册，是世界上收藏艺术类、考古类等艺术门类研究书籍最齐全的图书馆之一。不仅如此，大都会博物馆还每周定期举行音乐会。

大都会博物馆不仅藏品珍贵，而且历任的博物馆管理者也值得一提。大都会博物馆从开馆到现在，一共有过9位管理者。第一位管理者是一个很受争议的人物——塞斯诺拉。塞斯诺拉曾经是一位英勇的军人，不过他更加热衷于考古学。他疯狂的考古和贩卖让人发指，所以在他出任博物馆馆长的时候，遭到很多人的反对和抗议，他们认为塞斯诺拉所谓的考古其实就是疯狂地掠夺。之后的几位管理者都是德高望重、实至名归的人物。他们兢兢业业把大都会博物馆发展成浑然一体的博物馆。

大都会博物馆之所以吸引这么多名人来管理博物馆，最大的原因还是在于大都会博物馆藏品的惊人数量。根据大都会博物馆公布的数字看，大都会博物馆收藏的艺术品有300多万件，整个博物馆占据了4个街区。

博物馆展区共分3层，分别展出18个门类的世界各地的艺术品，包括服装、罗马艺术、原始艺术、武器盔甲、欧洲雕塑及装饰艺术、美国艺术、R·莱曼收藏品、古代近东艺术、中世纪艺术、远东艺术、伊斯兰艺术、19世纪欧洲绘画和雕塑、版画、素描和照片、20世纪艺术、欧洲绘画、乐器等内容。

在大都会博物馆中，还有各式的庭院连接各个展馆。我们参观累了，就可以坐在这些庭院里

欣赏异国风情。美国之翼展厅展示的艺术品是整个美国最美丽、最有价值的艺术品。其实整个大都会博物馆从建筑上就处处体现着美国的风格。这里虽然有些展区看着与其他博物馆没有本质区别，但是整个陈列展示的魄力是其他博物馆无法比拟的。大都会博物馆中收藏着埃及政府赠送的神殿，这座神殿是除埃及以外世界上唯一一座埃及神殿。大都会博物馆的管理者把整座神殿保留在博物馆内展出，走进这个展厅，就好像走进了埃及神殿一样。

在建筑风格上，由于大都会博物馆发展时间长，经历过不同的时期，所以大都会博物馆的建筑也保留了每个时代的特色。

大自然也有历史

　　大都会博物馆的对面，是有着同样盛名的美国自然历史博物馆。自然博物馆内，讲述着自然生命的奥秘。大自然与我们的生活息息相关，它的历史也是我们的历史。

　　美国自然博物馆创建于1869年，是世界上规模最大的自然博物馆之一。博物馆本身就是一座文艺复兴样式的宏伟建筑，已经有100多年的历史了。在这

座历史悠久的大厦里，收藏着有关生命的起源和各种动植物的标本，不仅有美国本土的，欧洲、亚洲、南美洲、澳洲的各种标本也有收藏。就是因为自然博物馆丰富的藏品，它现在已经成为美国自然史研究和教育中心了。

在美国自然博物馆内，我们可以穿梭时空，去远古时期寻觅已经消失的恐龙。恐龙高大的身躯让我们抬头仰望，叹为观止。一只恐龙，它的身高有4层楼那么高，身长有2间房子这

　　么长。它们这么庞大，怪不得曾经是地球上的霸王了。

　　看完恐龙，就要看我们人类了。在北美洲，最早的人类是印第安人，他们勤劳善良，与各种动物一起生活在茂密的丛林中。这里在陈列他们生活痕迹的同时，也陈列着和他们同时期生活在丛林里的各种生物，如豹子等。除此之外，博物馆里还有印第安人打猎的场景再现呢！

　　我们都知道，老虎是亚洲特有的凶猛动物，可是在美国自然博物馆里，你也同样可以看到。那些老虎真是栩栩如生啊！

生命的出现就是一个奇迹，那么这个奇迹是怎么发生的呢？自然博物馆内不停播放的电影会告诉你这个生命起源的秘密。播放这个电影的屏幕是现在世界上最大的屏幕，大概有二、三层楼房的高度。影片中蝴蝶群、候鸟的迁徙，红色螃蟹群、斑马群、牛群、鱼群、海鲸群等的群体生活，镜头逼真，色彩绚烂，画面奇瑰，让我们身临其境地感受到大自然的丰富多彩。

　　除了陆地上和海洋中的，地球还经常迎接"天外来客"的光临呢！在浩瀚的宇宙里，有着许多小行星，这些小行星一不小心，就会闯入地球的家门，被地球的力量所吸引，坠入到我们的世界来。这些坠入到地球的小行星，我们把它们叫作"陨石"。美国自然博物馆内就收藏着一块重达31吨的陨石呢！

　　在天文馆内，我们还可以参观到各种太空景物。美国自然博物馆曾经为了纪念哈勃太

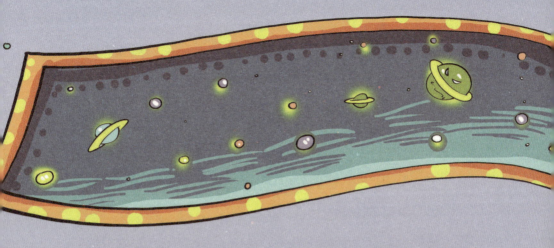

空望远镜的15岁生日，在天文馆内展出了两幅巨大的星空照片，这两张照片分别显示了涡状星系和新奇怪异的天鹰座星云。美国自然博物馆之所以展出这两张照片，是因为美国自然博物馆天文馆的天体物理部馆长曾经参与哈勃望远镜的研发。这两张照片是人类到现在为止所能拍到的宇宙的最远处。

看完天上，我们再来看看地下。在地球的深处，蕴藏着无数的宝贝。世界上最大的星光蓝宝石就收藏在美国自然博物馆中，重量达到563.35克拉，人们为她取名为"印度之星"。除了"印度之星"外，美国自然博物馆还收藏着100克拉的红宝石，这也是世界上非常罕见的红宝石。

不仅是宝石，地层下的各种岩石也是重要的藏品，这些石头藏着地球的历史，记录着地球的诞生、成长的时光，是重要的研究物品。整个展厅被设计成幽暗的矿石洞穴，新奇又别致，让人身临其境地感受到似乎已经来到了地下世界。每一个展品的灯光都经过博物馆工作人员精心地设计，整个展厅曲折回转，展品琳琅满目，让我们系统地了解矿物知识。

美国自然博物馆还会经常举办各种展览。2007年5月22日，博物馆举办了以"神秘生物"为主题的展览，主要展出了中国等国家神秘生物的形象。展览中，一条长达36米的中国龙舞龙道具被悬挂在展厅上方，引人注目。

这一切，要归功于美国自然博物馆的工作人员。博物馆有一支经验丰富的科研小组，他们常年进行各种自然科研探索，足迹遍布世界各地。这次"神秘造

物：龙、独角兽、美人鱼"展览就是中国与美国自然博物馆一起合作开展的。自然博物馆里一直有中国留学生在做各种科研探索。不仅如此，美国自然博物馆还与上海科技馆一起制作了一部《宇宙大碰撞》的特技电影，这部20分钟的电影，讲述了宇宙的形成状态。这部短片目前正在上海科技馆播放呢。

美国自然博物馆还组织了以环保为主题的展示活动。自然环境的保护是人类目前最重要的课题，保护环境，才有我们人类的生存空间。美国自然博物馆通过从热带雨林、气候、地质、流水、生物、宇宙等空间物体的展示，来揭示环保的重要性。

信不信由你博物馆

　　你能想到的最不可思议的事情是什么呢？《西游记》里的长着9个头的怪兽在现实中有吗？你想不想去看看呢？想的话，就跟我一起到美国的"里普利信不信由你博物馆"一游吧！这个博物馆是世界上最神奇的博物馆，里面收集着各种奇形怪状、超出我们想象的东西。

　　"信不信由你"博物馆房子的外观就很新奇。你站在这个博物馆的门口会被吓一跳。整幢三层高的粉色大楼有一条像碗口这么粗的裂缝，白色的柱子被扭曲成了麻花一样的形状，感觉好像刚刚经历过重大的打击，摇摇欲坠，随时就会倒塌的样子。中间被硬生生地劈成了两半，一个地球仪在裂缝中央，好像随时就会掉下来砸到你。

这就是在1998年创建的"信不信由你"博物馆。创建者里普利是一位卡通作家，他环游世界，去过将近200个国家和地区。每到一个地方，他都会收集各种稀奇古怪的物品，然后带回这个博物馆内展示。所以，这个博物馆里面展示着世界各地最神奇、最恐怖的东

西，胆量大的就跟我一起来看吧！注意，脚不要颤抖哦！

博物馆里收藏着很多长得非常奇特的人和动物，当然这些只是复制品。有两个头的奶牛和三条腿的马，有特别高的奇人，有童话传说中的小矮人，有特别胖的大力士，也有头上长着角的怪人。最奇怪是的一位妈妈，居然和男人一样长满了胡子。这些不是博物馆想象出来的东西，都是在我们这个世界上真实存在的人和物。

在工艺品展区，也展示着各种不可思议的艺术品。一个用来计时的大时钟，是用3000个晒衣服的夹子做成的。而美国总统府白宫的模型，是用6057枚在1963年没有发行的印有罗斯福头像的一角硬币拼装而成的。美国伟大的总统林肯的"小木屋"，是用16360枚印有林肯头像的一分硬币组成的。此外，达·芬奇的世界著名画像《蒙娜丽莎》居然是用烤面包做成的。你能咬到自己的鼻子吗？平常人站在凳子上也是咬不到的，可是在这个博物馆里的人就能把自己的鼻子吞到嘴里去。还有各种神秘部落的神秘生活，也在这里有所展现。